AF867741

www.ingramcontent.com/pod-product-compliance
Lightning Source LLC
LaVergne TN
LVHW010738061126
851857LV00014B/1536

9789369080922

دیوار سے گفتگو

محبوب خزاںؒ

انتخاب اور ترتیب : نوید صادق ، اعجاز عبید

Deewaar se Guftugu (Poetry Collection)
by: Mahboob Khizan
Edition: August '2026
Publisher :
Taemeer Publications LLC (Michigan, USA / Hyderabad, India)

ISBN 978-93-6908-092-2

9 789369 080922

کتاب	:	**دیوار سے گفتگو** (شعری مجموعہ)
مصنف	:	**محبوب خزاں**
انتخاب / ترتیب	:	اعجاز عبید، نوید صادق
صنف	:	شاعری
ناشر	:	تعمیر پبلی کیشنز (حیدرآباد، انڈیا)
سالِ اشاعت	:	۲۰۲۶ء
صفحات	:	۸۲
سرورق ڈیزائن	:	اعجاز عبید

Distributed globally through IngramSpark
Printed on demand by Ingram Content Group through regional printing facilities depending on order destination.

فہرس

نظمیں :

غزلیں:

دیوار سے گفتگو

کسی ہنستی بولتی جیتی جاگتی چیز پر
یہ گھمنڈ کیا یہ گمان کیوں
کہیں اور آپ کی جان کیوں

یہ تو سلسلے ہیں اسی فریب خیال کے
غم ذات و خیر و جمال کے
وہی پھیر اہل سوال کے

ابھی ٹھیک ہے یہ وفا کا زہر نہ گھولیے
ارے آپ جھوٹ ہی بولئے
نہیں سب کے بھید نہ کھولیے

کوئی کیا کرے نہ ملیں جو رنگ ہی رنگ سے
ڈرو اپنے جی کی امنگ سے
کٹے کیوں نگاہ پتنگ سے

کبھی بیکسی کو پکارتے ہیں شجر حجر
مرے پاس کچھ بھی نہیں مگر
بڑی زندگی ہے ادھر ادھر

یہ سنبھلتے ہاتھوں میں کانپتی ہے کمان کیوں
یہ سرک رہی ہے مچان کیوں
یہ کھسک رہے ہیں مکان کیوں

***

چاند کے مسافر

زندگی کو دیکھا ہے زندگی سے بھاگے ہیں
روشنی کے آنچل میں تیرگی کے دھاگے ہیں

تیرگی کے دھاگوں میں خون کی روانی ہے
درد ہے محبت ہے حسن ہے جوانی ہے

ہر طرف وہی اندھا کھیل ہے عناصر کا
تیرتا چلے ساحل ڈوبتا چلے دریا

چاند ہو تو کاکل کی لہر اور چڑھتی ہے
رات اور گھٹتی ہے بات اور بڑھتی ہے

یہ کشش مگر کیا ہے ریشمی لکیروں میں
شام کیسے ہوتی ہے ناچتے جزیروں میں

ہر قدم نئی الجھن سو طرح کی زنجیریں
فلسفوں کے ویرانے دوسروں کی جاگیریں

آندھیاں اجالوں کی گھن گرج سیاست کی
کانپتے ہیں سیارے رات ہے قیامت کی

جنگ سے جلے دنیا چاند کو چلے پاگل
آنکھ پر گرے بجلی کان میں پڑے کاجل

دور ہے پرندوں کا چھیڑ ہے ستاروں سے
کائنات عاجز ہے ہم گناہ گاروں سے

***

دوسری کروٹ

اپنی آنکھوں سے تجھ کو دور کیا
تیرے پرتو سے کسبِ نور کیا
میں نے تجھ پر ستم ضرور کیا

دن ہے جانکاہ، رات ہے دلگیر
جاگتی ہے خیال کی زنجیر
میرے دل! تو نے کیا قصور کیا
***

دیوداسی

ایک سچا آدمی۔۔۔ وہ بھی نہیں
مہرباں سمجھی جسے
اپنا دل، اپنا لہو سب کچھ نچھاور کر دیا
آنسوؤں سے پاؤں دھوئے، پاؤں سے آنکھیں ملیں
کون سمجھے گا مجھے
ہر طرف دیوار ہے
ڈالیاں مرجھا گئیں
خواب ہے سب خواب ہے
زندگی، میری سہیلی، ساتھ کھیلی، بس کہ اب
ان بہاروں کو بہاریں کھا گئیں
خواب ہے سب خواب ہے

زندگی میری سہیلی، ساتھ کھیلی، بس کہ اب
میں تو بالکل تھک گئی اس ناچ سے
رقص و نغمہ کچھ نہیں
ضرب ہے مضراب ہے
پھینک دے یہ پھول، اس کھڑکی سے باہر پھینک دے
پھول اب کس کے لئے
دیوتا سچے نہیں
دیوتا سچے نہیں، وہ بھی نہیں
***

کیف سے خمار تک

وہ حسین تھی مہ جبین تھی
بے گمان تھی بے یقین تھی

زندگی کی نرم نرم آہٹیں
بے سبب یوں ہی مسکراہٹیں

انگلیوں میں بال کو لپیٹنا
دامن خیال کو لپیٹنا

ہر گھڑی وہی ملنے والیاں
بے خیالیاں خوش خیالیاں

نرم الجھنیں کم سنی کے خواب
انگ انگ میں چھیڑا انقلاب

منہ پر اوڑھنی؟ جی کبھی نہیں
میں تو آپ سے بولتی نہیں

اور پھر حیا زندگی کی مار
معرفت کا بوجھ جبر و اختیار

ایک جان اور سینکڑوں وبال
جسم کی دکھن روح کا خیال

زندگی بڑھی روشنی لیے
روشنی بڑھی تیرگی لیے

انکسار میں اک غرور سا
کچھ خمار سا کچھ سرور سا

دائرے یہاں دائرے وہاں
رقص میں نظر رقص میں جہاں

گفتگو میں بل خامشی میں لوچ
رات کروٹیں کروٹوں میں سوچ

دل بجھا بجھا تشنگی کی آنچ
اجنبی تھکن زندگی کی آنچ

اس کے کام آئیں اس کا دکھ بٹائیں
اس کو چھیڑ دیں اور مسکرائیں

اس کی آنکھ میں کتنا درد ہے
رنگ زرد ہے روح زرد ہے

وہ اداس ہے کیوں اداس ہے
اس کی زندگی کس کے پاس ہے

یہ گناہ کیوں؟ بھول کیوں نہیں
باغ میں تمام پھول کیوں نہیں
***

اکیلی بستیاں

بے کس چمیلی پھولے اکیلی آہیں بھرے دل جلی
بھوری پہاڑی خاکی فصیلیں دھانی کبھی سانولی

جنگل میں رستے رستوں میں پتھر پتھر پہ نیلم پری
لہریلی سڑکیں چلتے مناظر بکھری ہوئی زندگی

بادل چٹانیں مخمل کے پردے پردوں پہ لہریں پڑیں
کاکل پہ کاکل خیموں پہ خیمے سلوٹ پہ سلوٹ ہری

بستی میں گندی گلیوں کے زینے لڑکے دھما چوکڑی
برسے تو چھاگل ٹھہرے تو ہلچل راہوں میں اک کھلبلی

گرتے گھروندے اٹھتی امنگیں ہاتھوں میں گاگر بھری
کانوں میں بالے چاندی کے ہالے پلکیں گھنی کھردری

ہڈی پہ چہرے چہروں پہ آنکھیں آئی جوانی چلی
ٹیلوں پہ جوبن ریوڑ کے ریوڑ کھیتوں پہ جھالر چڑھی

وادی میں بھیگے روڑوں کی پیٹی چشموں کی چمپا کلی
سانچے نئے اور باتیں پرانی مٹی کی جادوگری

***

جادو کرنے والیاں

میں نے محسوس کیا ہے تو کھلی ہیں آنکھیں
میں نے محسوس کیا ہے تو جلے ہیں یہ چراغ

یہ چراغاں یہ چمن کیسے ملے ان سے نجات
سانس لینے کو ٹھہر جاؤ تو جادو کا حصار
ہر طرف شعلہ زباں ناگ ہیں پھن جھومتے ہیں
سر اٹھاتے ہیں نئے راگ نئی راگنیاں
پاؤں پڑتے ہیں گلے پڑتے ہیں انجانے خیال
کیا مرے پاس مگر ایک تھکن ایک امنگ
ایک جینے کی لگن ایک محبت کا لہو

نہ اندھیرے نہ اجالے سے عداوت ہے مجھے
رات ہے دن ہے مگر مجھ کو تو دونوں سے ہے کام

کام جھوٹا ہو تو پہچاننے والے بھی گئے
رنگ سچے بھی نہ ہوں لوگ برا مانتے ہیں

چلتی پھرتی ہیں دریچوں میں کئی تصویریں
کیا کروں میں تری دنیا ہے مری آنکھیں ہیں

رات اور دن میں کوئی فرق نہیں ہے ایسا
میں نے محسوس کیا ہے تو کھلی ہیں آنکھیں

میں نے محسوس کیا ہے تو جلے ہیں یہ چراغ

***

سالگرہ کی رات

وقت کی بات ہے ہر غنچۂ سربستہ مگر
وقت کیا چیز ہے بے پیمانۂ ساختہ ہے
یہ شب و روز جوانی یہ مہ و سال رواں
روح کیوں جسم کے آگے سپر انداختہ ہے

شاخ در شاخ نظر آتی ہے جینے کی امنگ
چور کی طرح سرکتی ہے رگوں میں کوئی آگ
سوچنے کے لیے شاید یہ مہ و سال نہیں
اے مرے دیدۂ بے خواب محبت سے نہ بھاگ

حسن کی آگ غنیمت ہے کہ اس سے پہلے
رگِ ایام تھی اک جوئے فسردہ سرِ شام
سب اسی آگ کا ایندھن ہیں گزرنے والے
ایک ہی لرزشِ صد رنگ کا پرتو ہے تمام
***

رہ گزر کے بعد

میں سوچتا ہوں کہ اس خیر و شر کے بعد ہے کیا
فضا تمام نظر ہے نظر کے بعد ہے کیا
شب انتظار سحر ہے سحر کے بعد ہے کیا
دعا برائے اثر ہے اثر کے بعد ہے کیا
یہ رہ گزر ہے تو اس رہ گزر کے بعد ہے کیا
***

تم کہاں ہو

میں تمہاری روح کی انگڑائیوں سے آشنا ہوں
میں تمہاری دھڑکنوں کے زیر و بم پہچانتا ہوں
میں تمہاری انکھڑیوں میں نرم لہریں جاگتی سی دیکھتا ہوں
جیسے جادو جاگتا ہو
تم امر ہو تو لچکتی ٹہنیوں کی مامتا ہو
تم جوانی ہو تبسم ہو محبت کی لتا ہو
میں تمہیں پہچانتا ہوں تم مری پہلی خطا ہو
لہلہاتی جھومتی پھلواریوں کی تازگی ہو بے ادائی کی ادا ہو
تیز منڈلاتی ابابیلوں کے ننھے بازوؤں کا حوصلہ ہو
پھول ہو اور پھول کے انجام سے ناآشنا ہو

ڈالیوں پر پھولتی ہو جھولتی ہو دیکھتی ہو بھولتی ہو
ہر نئے فانوس پہ گرتی ہوئی پروانگی ہو
اور خود بھی روشنی ہو
زندگی ہو زندگی کے گرد چکر کاٹتی ہو
میں تمہیں پہچانتا ہوں تم محبت چاہتی ہو
خود کو دیکھو اور بھری دنیا کو دیکھو اور سوچو
اور سوچو تم کہاں ہو

***

اتنا حسن کیا کرو گے

چتونیں رجھانے والی
سادگی ستانے والی
ہر ادا لبھانے والی

کون سی ادا کرو گے
اتنا حسن کیا کرو گے

یہ جو لوگ ہیں بچارے
اپنی بیکسی کے مارے
سب اسیر ہیں تمہارے

کس طرح وفا کرو گے
اتنا حسن کیا کرو گے

اب چھری ہے یا گلا ہے
دل کشی بری بلا ہے
یہ بدن کدھر چلا ہے

جاگتے رہا کرو گے
اتنا حسن کیا کرو گے

***

میں نے کچھ نہیں کہا

رات اس کو خواب میں دیکھ کر
میں نے کچھ نہیں کہا

چار سال کی تھکن جواں ہوئی
تشنگی بڑھ کے بے کراں ہوئی
ہاں مگر جب آنسوؤں کی نرم گرم تازگی
آس پاس دل کشی بکھر گئی
اور ایک سایہ سا سرہانے آ کے تھم گیا

میں نے یہ کہا کہ اے مرے خدا
تو بڑا رحیم ہے

اس کا دل دو نیم ہے

اس کے رنگ اس کے حسن کو نکھار دے

اس کے دل کا بوجھ اتار دے

تو اسے سکون دے مجھے جنون دے

اس کے دکھ اس کے درد چھین لے

اس کے روگ مجھ کو دے

میں گناہ گار ہوں

رات اس کو خواب میں دیکھ کر

چار سال جیسے پھر اسی طرح گزر گئے

چار سال کس طرح گزر گئے

دل یہ سوچتا رہا

میں نے کچھ نہیں کہا

***

غزلیں

یہ جو ہم کبھی کبھی سوچتے ہیں رات کو
رات کیا سمجھ سکے ان معاملات کو

حسن اور نجات میں فصل مشرقین ہے
کون چاہتا نہیں حسن کو نجات کو

یہ سکون بے جہت یہ کشش عجیب ہے
تجھ میں بند کر دیا کس نے شش جہات کو

ساحل خیال پر کہکشاں کی چھوٹ تھی
ایک موج لے گئی ان تجلیات کو

آنکھ جب اٹھے بھر آئے شعر اب کہا نہ جائے
کیسے بھول جائے وہ بھولنے کی بات کو

دیکھ اے میری نگاہ تو بھی ہے جہاں بھی ہے
کس نے با خبر کیا دوسرے کی ذات کو

کیا اے میری نگاہ تو بھی ہے جہاں بھی ہے
کس نے با خبر کہا دوسرے کی ذات کو

کیا ہوئیں روایتیں اب ہیں کیوں شکایتیں
عشق نامراد سے حسن بے ثبات کو

اے بہار سر گراں تو خزاں نصیب ہے
اور ہم ترس گئے تیرے التفات کو

***

سکوں پیام اداؤں کو مہرباں دیکھو
سمجھ گئے تو کوئی اور آستاں دیکھو

وہی قیامتِ احساس ہے، جدھر جاؤ
وہی حکایتِ لبریز ہے، جہاں دیکھو

یہ زندگی ہے تمہاری، اگر خرید سکو
نہیں تو خیر، وہی راہِ رفتگاں دیکھو

یہ رنگ جن میں زمانوں کی آگ لرزاں ہے
یہ خواب کاریِ جذباتِ رائیگاں دیکھو

یہ نرم خواب سفینے، جزیرہ ہائے تلاش
وہ ہم خرام کناروں کی بستیاں دیکھو

عذابِ دیدہ و دل سے نجات ممکن ہے
تو بھول جاؤ، مگر بھول کر کہاں دیکھو

***

پلکوں پر حسرت کی گھٹائیں ہم بھی پاگل تم بھی
جی نہ سکیں اور مرتے جائیں ہم بھی پاگل تم بھی

دونوں اپنی آن کے سچے دونوں عقل کے اندھے
ہاتھ بڑھائیں پھر ہٹ جائیں ہم بھی پاگل تم بھی

خواب میں جیسے جان چھڑا کر بھاگ نہ سکنے والے
بھاگیں اور وہیں رہ جائیں ہم بھی پاگل تم بھی

صندل پھولے جنگل جاگے ناگ پھریں متوالے
ننگے پاؤں چلیں گھبرائیں ہم بھی پاگل تم بھی
***

ناز و انداز دل دکھانے لگے
اب وہ فتنے سمجھ میں آنے لگے

پھر وہی انتظار کی زنجیر
رات آئی دیے جلانے لگے

چھاؤں پڑنے لگی ستاروں کی
روح کے زخم جھلملانے لگے

حال احوال کیا بتائیں کسے
سب ارادے گئے ٹھکانے لگے

منزل صبح آ گئی شاید
راستے ہر طرف کو جانے لگے

***

محبت کو گلے کا ہار بھی کرتے نہیں بنتا
کچھ ایسی بات ہے انکار بھی کرتے نہیں بنتا

خلوص ناز کی توہین بھی دیکھی نہیں جاتی
شعور حسن کو بیدار بھی کرتے نہیں بنتا

تجھے اب کیا کہیں اے مہرباں اپنا ہی رونا ہے
کہ ساری زندگی ایثار بھی کرتے نہیں بنتا

ستم دیکھو کہ اس بے درد سے اپنی لڑائی ہے
جسے شرمندۂ پیکار بھی کرتے نہیں بنتا

ادا رنجیدگی پروانگی آنسو بھری آنکھیں
اب اتنی سادگی کیا پیار بھی کرتے نہیں بنتا

جوانی مہربانی حسن بھی اچھی مصیبت ہے
اسے اچھا اسے بیمار بھی کرتے نہیں بنتا

بھنور سے جی بھی گھبراتا ہے لیکن کیا کیا جائے
طواف موج کم رفتار بھی کرتے نہیں بنتا

اسی دل کو بھری دنیا کے جھگڑے جھیلنے ٹھہرے
یہی دل جس کو دنیا دار بھی کرتے نہیں بنتا

جلاتی ہے دلوں کو سرد مہری بھی زمانے کی
سوال گرمیٔ بازار بھی کرتے نہیں بنتا

خزاںؔ ان کی توجہ ایسی نا ممکن نہیں لیکن
ذرا سی بات پر اصرار بھی کرتے نہیں بنتا
***

آئینے کہتے ہیں اس خواب کو رسوا نہ کرو
ایسے کھوئے ہوئے انداز سے دیکھا نہ کرو

کیسے آ جاتی ہے کونپل پہ یہ جادو کی لکیر
دن گزر جاتے ہیں محسوس کرو یا نہ کرو

کہیں دیوار قیامت کبھی زنجیر ازل
کیا کرو عشق زیاں کیش میں اور کیا نہ کرو

بھاگتے جاؤ کسی سمت کسی سائے سے
تذکرہ ایک ہے افسانہ در افسانہ کرو

پھر کوئی تازہ گھروندا کسی ویرانے میں
گاؤں کو شہر کرو شہر کو ویرانہ کرو

بزم امکاں ہوئی دو گھونٹ لہو آنکھوں میں
حرص کہتی ہے کہ کونین کو پیمانہ کرو

کیوں نہ ہو مجھ سے شکایت تمہیں تم وہ ہو کہ پھر
اسے جیتا بھی نہ چھوڑو جسے دیوانہ کرو

ایک ہی رات سہی پھول تو کھلتے ہیں خزاںؔ
موت میں کیا ہے کہ جینے کی تمنا نہ کرو

***

سنبھالنے سے طبیعت کہاں سنبھلتی ہے
وہ بے کسی ہے کہ دنیا رگوں میں چلتی ہے

یہ سرد مہر اجالا یہ جیتی جاگتی رات
ترے خیال سے تصویر ماہ جلتی ہے

وہ چال ہو کہ بدن ہو کمان جیسی کشش
قدم سے گھات ادا سے ادا نکلتی ہے

تمھیں خیال نہیں کس طرح بتائیں تمھیں
کہ سانس چلتی ہے لیکن اداس چلتی ہے

تمہارے شہر کا انصاف ہے عجب انصاف
ادھر نگاہ ادھر زندگی بدلتی ہے

بکھر گئے مجھے سانچے میں ڈھالنے والے
یہاں تو ذات بھی سانچے سمیت ڈھلتی ہے

خزاں ہے حاصلِ ہنگامۂ بہار خزاںؔ
بہار پھولتی ہے کائنات پھلتی ہے
***

جنوں سے کھیلتے ہیں آگہی سے کھیلتے ہیں
یہاں تو اہل سخن آدمی سے کھیلتے ہیں

نگار مے کدہ سب سے زیادہ قابل رحم
وہ تشنہ کام ہیں جو تشنگی سے کھیلتے ہیں

تمام عمر یہ افسردگان محفل گل
کلی کو چھیڑتے ہیں بے کلی سے کھیلتے ہیں

فراز عشق نشیب جہاں سے پہلے تھا
کسی سے کھیل چکے ہیں کسی سے کھیلتے ہیں

نہا رہی ہے دھنک زندگی کے سنگم پر
پرانے رنگ نئی روشنی سے کھیلتے ہیں

جو کھیل جانتے ہیں ان کے اور ہیں انداز
بڑے سکون بڑی سادگی سے کھیلتے ہیں

خزاںؔ کبھی تو کہو ایک اس طرح کی غزل
کہ جیسے راہ میں بچے خوشی سے کھیلتے ہیں
***

کس نے کہا آپ سے میری مصیبت ہے کیا
اب یہ ندامت ہے کیوں اس کی ضرورت ہے کیا

اب یہ توجہ ہے کیوں میرے شب و روز پر
اپنے شب و روز سے آپ کو فرصت ہے کیا

کون دکھائے مجھے شام سے کتنی حسیں
کون بتائے مجھے وقت کی قیمت ہے کیا

اتنے سماں اتنے شہر ایک لگن ایک لہر
سات برس چپ رہے اور شکایت ہے کیا

اس بھرے بازار میں ہم تو اکیلے خزاںؔ
کیوں ہیں مرے ساتھ لوگ غم کوئی دولت ہے کیا

***

حسرت آب و گل دوبارہ نہیں
دیکھ دنیا نہیں ہمیشہ نہیں

سوچنے کا کوئی نتیجہ نہیں
سایہ ہے اعتبار سایہ نہیں

سادہ کاری کئی پرت کئی رنگ
سادگی اک ادائے سادہ نہیں

اچھے لگتے ہیں اچھے لوگ مجھے
جو سمجھتے ہیں ان سے پردہ نہیں

میں کہیں اور کس طرح جاؤں
تو کسی اور کے علاوہ نہیں

تجھ سے بھاگے سکون سے بھاگے
سر گراں ہیں کہ دل گرفتہ نہیں

رات زنجیر سی قدم بہ قدم
ایک منزل ہے کوئی جادہ نہیں

حسن تو ہو چلا زمانہ شناس
عشق کا بھی کوئی بھروسہ نہیں

سنتے ہیں اک جزیرہ ہے کہ جہاں
یہ بلائے حواس خمسہ نہیں

اے ستارو کسے پکارتے ہو
اس خرابے میں کوئی زندہ نہیں

چاندنی کھیلتی ہے پانی سے
اتنی برسات ہے کہ سبزہ نہیں

کیسے بے درد ہیں کہ جوڑتے ہیں
نرم الفاظ جن میں رشتہ نہیں

کہیں ایجاد محض بے مفہوم
کہیں مفہوم ہے تو لہجہ نہیں

کہیں تصویر ناک نقشے بغیر
کہیں دیوار ہے دریچہ نہیں

ان سے کاغذ میں جان کیسے پڑے
جن کی آنکھوں میں عکس تازہ نہیں

دشمنی ہے تو دشمنی ہی سہی
میں نہیں یا دکان شیشہ نہیں

خاک سے کس نے اٹھتے دیکھی ہے
وہ قیامت کہ استعارہ نہیں

کبھی ہر سانس میں زمان و مکاں
کبھی برسوں میں ایک لمحہ نہیں

بیکلی تار کستی جائے خزاںؔ
حسرت آب و گل دوبارہ نہیں

***

حسن سے ہٹ کے محبت کی نظر جائے کہاں
کوئی منزل نہ ملے راہ گزر جائے کہاں

تم بہت دور ہو ہم بھی کوئی نزدیک نہیں
دل کا کیا ٹھیک ہے کم بخت ٹھہر جائے کہاں

دیکھیے خواب سحر چاٹیے دیوار ازل
رات جاتی نظر آتی ہے مگر جائے کہاں

رخ صحرا ہے خزاں گھر کی طرف مدت سے
ہم جو صحرا کی طرف جائیں تو گھر جائے کہاں
***

حال ایسا نہیں کہ تم سے کہیں
ایک جھگڑا نہیں کہ تم سے کہیں

زیر لب آہ بھی محال ہوئی
درد اتنا نہیں کہ تم سے کہیں

تم زلیخا نہیں کہ ہم سے کہو
ہم مسیحا نہیں کہ تم سے کہیں

سب سمجھتے ہیں اور سب چپ ہیں
کوئی کہتا نہیں کہ تم سے کہیں

کس سے پوچھیں کہ وصل میں کیا ہے
ہجر میں کیا نہیں کہ تم سے کہیں

اب خزاںؔ یہ بھی کہہ نہیں سکتے
تم نے پوچھا نہیں کہ تم سے کہیں
***

چاہی تھی دل نے تجھ سے وفا کم بہت ہی کم
شاید اسی لیے ہے گلا کم بہت ہی کم

کیا حسن تھا کہ آنکھ لگی سایہ ہو گیا
وہ سادگی کی مار، حیا کم بہت ہی کم

تھے دوسرے بھی تیری محبت کے آس پاس
دل کو مگر سکون ملا کم بہت ہی کم

جلتے سنا چراغ سے دامن ہزار بار
دامن سے کب چراغ جلا کم بہت ہی کم

اب روح کانپتی ہے اجل ہے قریب تر
اے ہم نصیب ناز و ادا کم بہت ہی کم

یوں مت کہو خزاںؔ کہ بہت دیر ہو گئی
ہیں آج کل وہ تم سے خفا کم بہت ہی کم
***

ہم آپ قیامت سے گزر کیوں نہیں جاتے
جینے کی شکایت ہے تو مر کیوں نہیں جاتے

کتراتے ہیں بل کھاتے ہیں گھبراتے ہیں کیوں لوگ
سردی ہے تو پانی میں اتر کیوں نہیں جاتے

آنکھوں میں نمک ہے تو نظر کیوں نہیں آتا
پلکوں پہ گہر ہیں تو بکھر کیوں نہیں جاتے

اخبار میں روزانہ وہی شور ہے یعنی
اپنے سے یہ حالات سنور کیوں نہیں جاتے

یہ بات ابھی مجھ کو بھی معلوم نہیں ہے
پتھر ادھر آتے ہیں ادھر کیوں نہیں جاتے

تیری ہی طرح اب یہ ترے ہجر کے دن بھی
جاتے نظر آتے ہیں مگر کیوں نہیں جاتے

اب یاد کبھی آئے تو آئینے سے پوچھو
محبوبؔ خزاں شام کو گھر کیوں نہیں جاتے

***

ہر بات یہاں بات بڑھانے کے لیے ہے
یہ عمر جو دھوکا ہے تو کھانے کے لیے ہے

یہ دامن حسرت ہے وہی خواب گریزاں
جو اپنے لیے ہے نہ زمانے کے لیے ہے

اترے ہوئے چہرے میں شکایت ہے کسی کی
روٹھی ہوئی رنگت ہے منانے کے لیے ہے

غافل تری آنکھوں کا مقدر ہے اندھیرا
یہ فرش تو راہوں میں بچھانے کے لیے ہے

گھبرا نہ ستم سے نہ کرم سے نہ ادا سے
ہر موڑ یہاں راہ دکھانے کے لیے ہے

***

دکھ بہت ہیں زندگی میں کیا کریں گے ہم
وہ جو تیرا فرض تھا ادا کریں گے ہم

دن کو اتنے کام کس طرح کرے گا کون
رات بھر تو جاگتے رہا کریں گے ہم

آدھی عمر کٹ گئی خیال و خواب میں
شعر سب کہیں گے اور سنا کریں گے ہم

***

کوئی قریب نہ آئے شکستہ پا ہوں میں
کرم تو ہے مگر انجام دیکھتا ہوں میں

مری نگاہ میں کچھ اور ڈھونڈنے والے
تری نگاہ میں کچھ اور ڈھونڈتا ہوں میں

زمانہ دیر فراموش تو نہیں اتنا
یہ ٹھیک ہے کہ بہت دیر آشنا ہوں میں

غلط نہیں وہ جو شکوے اب آپ کو ہوں گے
بدل گیا ہے زمانہ بدل گیا ہوں میں

مجھے ستاؤ نہیں زندگی نگاہ میں ہے
فریب کھاؤ نہیں تم کو جانتا ہوں میں

مرا غرور محبت کہ میں نہیں سمجھا
تری نظر نے کہا تھا کہ دل ربا ہوں میں
***

سبب تلاش نہ کر بس یونہی ہے یہ دنیا
وہی بہت ہے جو کچھ جانتی ہے یہ دنیا

کھلت میں بند ہیں کونپل کے سوتے جاگتے رنگ
پرت پرت میں نئی دل کشی ہے یہ دنیا

الجھتے رہنے میں کچھ بھی نہیں تھکن کے سوا
بہت حقیر ہیں ہم تم بڑی ہے یہ دنیا

یہ لوگ سانس بھی لیتے ہیں زندہ بھی ہیں مگر
ہر آن جیسے انہیں روکتی ہے یہ دنیا

بہت دنوں تو یہ شرمندگی تھی شامل حال
ہمیں خراب ہیں اچھی بھلی ہے یہ دنیا

ہرے بھرے رہیں تیرے چمن ترے گل زار
ہرا ہے زخم تمنا بھری ہے یہ دنیا

تم اپنی لہر میں ہو اور کسی بھنور کی طرح
میں دوسرا ہوں کوئی تیسری ہے یہ دنیا

وہ اپنے ساتھ بھی رہتے ہیں چپ بھی رہتے ہیں
جنہیں خبر ہے کہ کیا بیچتی ہے یہ دنیا

خزاںؔ نہ سوچ کہ بکتی ہے کیوں بدن کی بہار
سمجھ کہ روح کی سودا گری ہے یہ دنیا

***

خزاں میں خوبیاں ایسے بہت ہیں
خرابی ایک ہے بنتے بہت ہیں

کوئی رستہ کہیں جائے تو جانیں
بدلنے کے لیے رستے بہت ہیں

نئی دنیا کے سندر بن کے اندر
پرانے وقت کے پودے بہت ہیں

ہوئے جب سے زمانے بھر کے ہمراہ
ہم اپنے ساتھ بھی تھوڑے بہت ہیں

لگاوٹ ہے ستاروں سے پرانی
رقابت ہے مگر ملتے بہت ہیں

بہت ہوگا تو یہ سوچو گے شاید
کہ ہم بھی تھے یہاں جیسے بہت ہیں

ہے سب صورت کا چکر، خواب معنی
دکھائے ہیں بہت دیکھے بہت ہیں

جسارت دل میں کیا ہو فن میں کیا ہو
ملازم پیشہ ہیں ڈرتے بہت ہیں

کسی سے کیوں الجھتے کیا الجھتے
یہ دھاگے خود بہ خود الجھے بہت ہیں

تھکن چاروں طرف ہے چلتے جاؤ
پہنچتا کون ہے چلتے بہت ہیں

خفا ہم سے نہ ہو اے چشم جاناں
ہم اس انداز پر مرتے بہت ہیں

کہو یہ بھی خزاں کہنے سے پہلے
جو کہتے کچھ نہیں کہتے بہت ہیں
***

خواب سے پردہ کرو دیکھو مت
اب اگر دیکھ سکو دیکھو مت

گرتے شہتیروں کے جنگل ہیں یہ شہر
چپ رہو چلتے رہو دیکھو مت

جھوٹ سچ دونوں ہی آئینے ہیں
اس طرف کوئی نہ ہو دیکھو مت

حسن کیا ایک چمن اک کہرام
تیز و آہستہ چلو دیکھو مت

پنکھڑی ایک پرت اور پرت
کیوں بکھیڑے میں پڑھو دیکھو مت

ہر کلی ایک بھنور اک بادل
کھیل میں کھیل نہ ہو دیکھو مت

یہ پرانی یہ انوکھی خوشبو
کچھ دن آوارہ پھرو دیکھو مت

ہر طرف دیکھنے والی آنکھیں
ان کے سائے سے بچو دیکھو مت

کم لباسی ہو گلہ یا اصرار
بے خبر جیسے رہو دیکھو مت

عافیت اس میں ہے غافل گزرو
مت نگاہوں سے گرو دیکھو مت

کینچلی ہٹ گئی زندہ ریشم
پھر یہ کہتا ہے ہٹو دیکھو مت

دیکھتے دیکھتے منظر ہے کچھ اور
دھول آنکھوں میں بھرو دیکھو مت

سطح کے نیچے ہے کیا جانے کون
لہر کی لے پہ بڑھو دیکھو مت

ایک ہی جل ہے یہاں مایا جل
پیاس کے جال بنو دیکھو مت
***

محبت پر نہ بھولو محبت بے کسی ہے
سکون سرو و سنبل سب اپنی سادگی ہے

کہاں وہ بے خودی تھی کہ خود ہم بے خبر تھے
اب اتنی بیکلی ہے کہ دنیا جانتی ہے

کہو مجھ سے کہ دل میں نہیں کوئی شکایت
طبیعت منچلی ہے بہانے ڈھونڈتی ہے

نمک سا گفتگو میں انوکھی مسکراہٹ
بدن پر دھیرے دھیرے قیامت آ رہی ہے

تجھے کیسے دکھاؤں یہ راتیں یہ اجالے
جوانی سو گئی ہے محبت جاگتی ہے

اسی کا شکوہ ہر دم اسی کا ذکر سب سے
اگر یہ دشمنی ہے تو اچھی دشمنی ہے

تھکن ہے جاں فزا سی برستی ہے اداسی
ستارے کہہ رہے ہیں کہ منزل آ گئی ہے

پلٹ کر یوں نہ دیکھو امڈتے بادلوں سے
بہار بے خزاں بھی سرکتی چاندنی ہے
***

دیکھ دریا ہے کنارے کو سنبھال
یہ محبت یہ محبت کا زوال

اس زمانے کو ترس جائیں گے ہم
آہ یہ تشنگیِ ہجر و وصال

میٹھی باتوں سے ادا جاگتی ہے
نرم آنکھوں میں سنورتے ہیں خیال

زخم بگڑے تو بدن کاٹ کے پھینک
ورنہ کانٹا بھی محبت سے نکال

آپ کی یاد بھی آ جاتی ہے
اتنی محروم نہیں بزم خیال

خط جو آیا ہے انہیں کا ہوگا
ہاں ذرا آج طبیعت تھی بحال

ہائے پھر فصل بہار آئی خزاںؔ
کبھی مرنا کبھی جینا ہے محال
***

حسن نا ممکن کو ہونٹوں نے چھوا پھر کیا ہوا
اپنی بے ربطی پہ دل الجھا رہا پھر کیا ہوا

رات دن ملتے رہے افلاک کے سائے تلے
رات اور دن میں وہی پردہ رہا پھر کیا ہوا

جھوٹ کو سچ پر فضیلت ہی رہی برسوں کے باد
دوسروں نے سچ کو بھی سچا کہا پھر کیا ہوا

گرم تھا بازار ہستی سو جتن کے باوجود
روح کا یا جسم کا سودا ہوا پھر کیا ہوا

آج اس کو ہو نہ ہو رستے میں ملنا ہے ضرور
رات اس نے خواب میں پردہ کیا پھر کیا ہوا

عمر بھر چلتی رہی دنیائے ہجراں پر دھنک
جاگتی آنکھوں میں اک سپنا رہا پھر کیا ہوا

ان کو اب میری کہانی میں یہ دلچسپی ہے کیوں
ہاں مجھے اس دور نے ٹھکرا دیا پھر کیا ہوا

پھل گرے پتے گرے آئی گئی فصل بہار
سب نے پوچھا کیا ہوا دل نے کہا پھر کیا ہوا
***

حسن سے ہٹ کے محبت کی نظر جائے کہاں
کوئی منزل نہ ملے راہ گزر جائے کہاں

تم بہت دور ہو ہم بھی کوئی نزدیک نہیں
دل کا کیا ٹھیک ہے کم بخت ٹھہر جائے کہاں

دیکھیے خواب سحر چاٹیے دیوار ازل
رات جاتی نظر آتی ہے مگر جائے کہاں

رخ صحرا ہے خزاںؔ گھر کی طرف مدت سے
ہم جو صحرا کی طرف جائیں تو گھر جائے کہاں

***

فرد فرد

یہ دلنواز اداسی، بھری بھری پلکیں
ارے، ان آنکھوں میں کیا ہے، سنو، دکھاؤ مجھے

★

دام ہزاروں دل کے لئے
کون چلا منزل کے لئے
دل لے کر اب جائیں کہاں
دنیا چھوڑی دل کے لئے

★

ایک محبت کافی ہے
باقی عمر اضافی ہے
کہتا ہے چپکے سے کون
جینا وعدہ خلافی ہے
★

دیکھو، دنیا ہے، دل ہے
اپنی اپنی منزل ہے
★

یہ دلنواز اداسی، بھری بھری پلکیں
ارے، ان آنکھوں میں کیا ہے، سنو، دکھاؤ مجھے
★

اب اس قدر ستم و جور کے لئے بھی نہیں
یہ زندگی جو کسی اور کے لئے بھی نہیں
٭

میں تمہیں کیسے بتاؤں، کیا کہو
کم کہو، اپنا کہو، اچھا کہو
٭

پلٹ گئیں جو نگاہیں انہیں سے شکوہ تھا
سو آج بھی ہے مگر دیر ہو گئی شائد
٭

یاد کرو کیا میں نے کہا تھا آج محبت ہے کہ نہیں
کروٹ کروٹ آنکھ میں آنسو دل میں ندامت ہے کہ نہیں